개정된 국어 교과서에 따른

글씨체 따라쓰기

1-2

글을 읽고 다음에 예쁘게 따라 써 보세요.

국어2 가-21쪽

책이 꼼지락꼼지락

"범아! 엄마가 말했지. 하루 종일 게임만 하지 말고 책 좀 보라고!"

"알았어요. 엄만 만날 책밖에 몰라. 에잇, 너 땜에 야단맞았잖아!"

"어?"

순간 범이는 재미있는 생각이 떠올랐어요.

범이는 책을 세우고 쌓기 시작하였어요.

짠!

"멋지지? 이제부터 여기는 우리 집이야."

그때 무엇인가가 꼼지락거려요.

"누구야?"

범이가 다가가자 쑥 숨어 버려요.

범이가 돌아서면 다시 꼼지락꼼지락.

범이는 궁금해서 못 참겠어요.

2013 개편 국어교과서

개정된 국어 교과서에 따른

글씨체 따라쓰기

1-2

편집부편

와이 앤 엠

차 례

"우리 집에 오고 싶으면 와도 돼!"

하지만 꼼지락거릴 뿐 나올 생각을 안 하네요.

"괜찮아. 여기는 나밖에 없어. 우리 집에 정식으로 초대할게."

"고마워."

사뿐히 책 밖으로 나오는데 범이가 좋아하는 백설 공주예요. 그 뒤를 올망졸망 일곱 난쟁이들이 따라 나와요.

범이는 "흥부 놀부" 책을 보며 말하였어요.

"얘들아, 우리 집에 놀러 오지 않을래?"

"좋아!"

흥부네 아이들이 우르르 몰려나와요.

"강아지 똥아! 꽃을 피워 줘."

마당이 금세 꽃밭이 되었어요.

꽃밭이 되자 온갖 동물이 기웃거려요.

"너희들도 초대할게!"

책 속 동물들이 한꺼번에 깡충깡충, 겅중겅중 뛰어나와요.

"우리, 뭐 하고 놀까?"

범이가 두리번거리다가 책 한 권을 찾아냈어요.

"그래, 그거야!"

그러고는 책장을 착착 넘기더니 스르르 책 속으로 들어갔어요.

"됐다!"

범이의 손에 커다란 도깨비 방망이가 들려 있어요.

"도깨비야, 친구들하고 논 뒤에 돌려줄게."

범이가 도깨비방망이를 두드리며 큰 소리로 외쳤어요.

"과자 나와라, 뚝딱!"

"빵 나와라, 뚝딱!"

원고지 쓰기를 생각하며 바르게 따라 써 보세요.

	책	이		꼼	지	락	꼼	지	락
	"	범	아	!		엄	마	가	
	말	했	지	.		하	루		종 일
	게	임	만		하	지		말	고
	책		좀		보	라	고	!	"

7

원고지 쓰기를 생각하며 바르게 따라 써 보세요.

책 좀 보라고 !"

"알았어요. 엄만

만날 책밖에 몰라.

에잇, 너 땜에 야

단맞았잖아 !"

8

원고지 쓰기를 생각하며 바르게 따라 써 보세요.

		"어?	?	"					
	순	간		범	이	는		재	미
있	는		생	각	이		떠	올	랐
어	요	.							
	범	이	는		책	을		세	우

원고지 쓰기를 생각하며 바르게 따라 써 보세요.

	고		쌓	기		시	작	하	였	어
요	.									
		짠	!							
		"	멋	지	지	?		이	제	부
터		여	기	는				우	리	

원고지 쓰기를 생각하며 바르게 따라 써 보세요.

집이야."

그때 무엇인가 꼼

지락거려요.

"누구야?"

범이가　다가가자

쑥　숨어　버려요.

범이가　돌아서면

다시　꼼지락꼼지락.

범이는　궁금해서

원고지 쓰기를 생각하며 바르게 따라 써 보세요.

	못		참	겠	어	요	.		
		"	우	리		집	에		오	고
	싶	으	면		와	도		돼	! "
	하	지	만		꼼	지	락	거	릴
	뿐		나	올		생	각	을		안

원고지 쓰기를 생각하며 바르게 따라 써 보세요.

뿐		나	올		생	각	을		안
하	네	요	.						
하	네	요	.						
		"	괜	찮	아	.		여	기	는
		"	괜	찮	아	.		여	기	는
		나	밖	에		없	어	.		우	리
		나	밖	에		없	어	.		우	리
		집	에		정	식	으	로		초
		집	에		정	식	으	로		초

	대	할	게	. "					
	"	고	마	워	. "				
	사	뿐	히		책		밖	으	로
나	오	는	데		범	이	가		좋
아	하	는		백	설		공	주	에

원고지 쓰기를 생각하며 바르게 따라 써 보세요.

요.								
요.								
	그		뒤를		올	망	졸	망
	그		뒤를		올	망	졸	망
	일곱		난	쟁	이	들	이	
	일곱		난	쟁	이	들	이	
따	라		나	와	요.			
따	라		나	와	요.			
	범	이	는			" 흥	부		놀

원고지 쓰기를 생각하며 바르게 따라 써 보세요.

	부	"		책	을		보	며	말
	하	였	어	요	.				
			"	애	들	아	,	우	리	집
	에		놀	러		오	지		않

	올	래	?	"				
	올	래	?	"				
	"	좋	아	!	"			
	"	좋	아	!	"			
	흥	부	네		아	이	들	이
	흥	부	네		아	이	들	이
우	르	르		몰	려	나	와	요
우	르	르		몰	려	나	와	요
	"	강	아	지		똥	아	!
	"	강	아	지		똥	아	!

원고지 쓰기를 생각하며 바르게 따라 써 보세요.

		꽃	을		피	워		줘	. "
		마	당	이		금	세		꽃밭
이		되	었	어	요	.			
		꽃	밭	이		되	자		온 갖
동	물	이		기	웃	거	려	요	.

원고지 쓰기를 생각하며 바르게 따라 써 보세요.

동물이　기웃거려요.

　"너희들도　초대할

게!"

　책　속　동물들이

한꺼번에　깡충깡충,

원고지 쓰기를 생각하며 바르게 따라 써 보세요.

깡충깡충 뛰어나와요.

"우리, 뭐 하고

놀까?"

범이가 두리번거리

다가 책 한 권을

	찾	아	냈	어	요	.			
	찾	아	냈	어	요	.			
	"	그	래	,		그	거	야	!
	"	그	래	,		그	거	야	!
	그	러	고	는		책	장	을	
	그	러	고	는		책	장	을	
착	착		넘	기	더	니		스	르
착	착		넘	기	더	니		스	르
르		책		속	으	로		들	어

원고지 쓰기를 생각하며 바르게 따라 써 보세요.

갔	어	요	.				
	"	됐	다	!	"		
	범	이	의		손	에	커 다
란		도	깨	비	방	망	이 가

돌려 있어요.

"도깨비야, 친구들

하고 논 뒤에 돌

려줄게."

범이가 도깨비방망

원고지 쓰기를 생각하며 바르게 따라 써 보세요.

이를 두드리며 큰

소리로 외쳐요.

　　　"과자 나와라, 뚝

딱!"

　　　"빵 나와라, 뚝딱!"

글을 읽고 다음에 예쁘게 따라 써 보세요.

국어2 가-58쪽

두껍아 두껍아

두껍아 두껍아

흙집 지어라

두껍아 두껍아

흙집 지어라

개미는 흙 나르고

황새는 물 긷고

까치가 밟아도 따안딴

황소가 밟아도 따안딴

두껍아 두껍아
흙집 지어라
두껍아 두껍아
흙집 지어라

헌 집은 무너지고
새 집은 튼튼하고
굼벵이가 살아도 따안딴
토끼가 살아도 따안딴

원고지 쓰기를 생각하며 바르게 따라 써 보세요.

두껍아 두껍아

두껍아 두껍아

흙집 지어라

두껍아 두껍아

흙집 지어라

원고지 쓰기를 생각하며 바르게 따라 써 보세요.

		개	미	는		흙	나 르
	고						
	황	새	는		물		긴 고

		까	치	가		밟	아	도	
		까	치	가		밟	아	도	
		따	안	딴					
		따	안	딴					
		황	소	가		밟	아	도	
		황	소	가		밟	아	도	
		따	안	딴					
		따	안	딴					

원고지 쓰기를 생각하며 바르게 따라 써 보세요.

		두	껍	아		두	껍	아
		흙	집		지	어	라
		두	껍	아		두	껍	아
		흙	집		지	어	라

31

원고지 쓰기를 생각하며 바르게 따라 써 보세요.

헌　집은　무너지

고

새　집은　튼튼하

고

원고지 쓰기를 생각하며 바르게 따라 써 보세요.

	굼	벵	이	가		살	아	도
따	안	딴						
	토	끼	가			살	아	도
따	안	딴						

🐟 글을 읽고 다음에 예쁘게 따라 써 보세요.

국어2 가-74쪽

또박또박 반갑게 인사해요

오늘은 포포가 처음으로 학교에 가는 날이에요. 포포는 여우 박사님이 만든 아기 여우 로봇이에요.

포포는 가방을 메고 여우 박사님에게 큰 소리로 인사하였어요.

"다녀왔습니다."

"어이쿠! 인사말 기능을 잘못 입력했나봐. 이를 어쩌지?"

박사님은 깜짝 놀랐습니다.

"옳지! 키키를 함께 보내면 되겠구나."

키키는 박사님이 만든 귀뚜라미 로봇이에요.

"키키야 너는 몸집이 작으니까 친구들에게 보이지 않게 숨어서 포포를 도와 주렴."

"염려 마세요, 박사님."

"밖에 나갈 때는 '다녀오겠습니다.'라고 하는 거야."

키키가 포포에게 속삭였어요.

"아, 그렇구나."

포포는 여우 박사님에게 다시 큰 소리로 인사를 하였어요.

"다녀오겠습니다."

"잘 다녀오너라."

여우 박사님은 포포에게 손을 흔들어 주었어요.

포포는 선생님에게 인사하였어요.

"다녀오겠습니다."

선생님은 깜짝 놀랐어요. 키키가 재빨리 귓속말을 하였어
요.

"어른을 만났을 때는 '안녕하세요.'라고 인사하는 거야."

포포는 고개를 끄덕였어요.

“안녕하세요.”

“안녕 네가 포포구나. 우리, 잘 지내자.”

선생님도 환하게 웃었어요.

간식 시간이에요.

“안녕하세요.”

친구들은 깔깔대고 웃었어요. 키키는 또 재빨리 귓속말을 하였어요.

“어른이 무엇을 주시면 ‘고맙습니다.’라고 인사하는 거야.”

“고맙습니다.”

“그래, 포포. 맛있게 먹으렴.”

포포와 친구들은 숨바꼭질을 해요. 술래가 된 포포는 친구들을 찾다가 그만 토끼의 모래성을 건드렸어요.

“고맙습니다.”

“잘못했을 때는 ‘미안해’라고 하는 거야.”

“아, 그렇구나!”

포포는 친구에게 다시 사과하였어요.

“미안해.”

“괜찮아. 나랑 같이 모래 놀이 할래?”

포포는 친구들과 모래성을 만들었어요.

원고지 쓰기를 생각하며 바르게 따라 써 보세요.

	또	박	또	박		반	갑	게	
						인	사	해	요
	오	늘	은		포	포	가		처
음	으	로		학	교	에		가	는
날	이	예	요	.	포	포	는		여

님	이	에	요	.		포	포	는		여

우　　박 사 님 이　　만 든

아 기　　여 우　　로 봇 이 에

요 .

포 포 는　　가 방 을　　메

원고지 쓰기를 생각하며 바르게 따라 써 보세요.

고		여	우		박	사	님	에	게
큰		소	리	로		인	사	하	였
어	요	.							
		"	다	녀	왔	습	니	다	. "
		"	어	이	쿠	!		인	사 말

원고지 쓰기를 생각하며 바르게 따라 써 보세요.

	기	능	을		잘	못		입	력
	기	능	을		잘	못		입	력
	했	나		봐	.		이	를		어
	했	나		봐	.		이	를		어
	쩌	지	?	"					
	쩌	지	?	"					
	박	사	님	은		깜	짝		놀
	박	사	님	은		깜	짝		놀
랐	습	니	다	.					

원고지 쓰기를 생각하며 바르게 따라 써 보세요.

	"	옳	지	!		키	키	를
	함	께		보	내	면		되	겠
	구	나	.	"				
	키	키	는		여	우		박	사

41

님	이		만	든		귀	뚜	라	미
로	봇	이	에	요	.				
	"	키	키	야	,		너	는		몸
	집	이		작	으	니	까		친
	구	들	에	게		보	이	지

원고지 쓰기를 생각하며 바르게 따라 써 보세요.

	않	게		숨	어	서		포	도
	를		도	와	주	렴	. "	
		" 염	려		마	세	요	.	박
	사	님	. "					
		" 밖	에		나	갈		때	는

원고지 쓰기를 생각하며 바르게 따라 써 보세요.

		' 밖	에		나	갈		때	는
		' 다	녀	오	겠	습	니	다	. '
		라	고		하	는		거	야 . "
		키	키	가		포	포	에	게
속	삭	였	어	요		.			

		"	아		그	렇	구	나	.	"	
		포	포	는		여	우		박	사	
님	에	게		다	시		큰		소		
리	로		인	사	를		하	였	어		
요	.										

원고지 쓰기를 생각하며 바르게 따라 써 보세요.

"다녀오겠습니다."

"잘 다녀오너라."

여우 박사님은 포

포에게 손을 흔들어

주었어요.

	포	포	는		선	생	님	에	게
인	사	하	였	어	요	.			
	"	다	녀	오	겠	습	니	다	.
	선	생	님	은		깜	짝		놀

원고지 쓰기를 생각하며 바르게 따라 써 보세요.

랐	어	요	.		키	키	가		재	빨
랐	어	요	.		키	키	가		재	빨

리		귓	속	말	을		하	였	어
리		귓	속	말	을		하	였	어

요	.								
요	.								

	"	어	른	을		만	났	을	
	"	어	른	을		만	났	을	

때	는			'	안	녕	하	세	요
때	는			'	안	녕	하	세	요

원고지 쓰기를 생각하며 바르게 따라 써 보세요.

라고 인사하는 거

야."

포포는 고개를 끄

떡였어요.

"안녕하세요."

원고지 쓰기를 생각하며 바르게 따라 써 보세요.

"안녕하세요."

"안녕! 네가 포

포구나. 우리, 잘

지내자."

선생님도 환하게

원고지 쓰기를 생각하며 바르게 따라 써 보세요.

웃었습니다.

간식　시간이에요.

"안녕하세요."

친구들은　깔깔대고

웃었어요. 키키는　또

재	빨	리		귓	속	말	을	하
재	빨	리		귓	속	말	을	하
였	어	요	.					
였	어	요	.					
		"	어	른	이		무	엇을
		"	어	른	이		무	엇을
	주	시	면		'	고	맙	습니
	주	시	면		'	고	맙	습니
	다	. '	라	고		인	사	하는

지 야."

"고맙습니다."

"그래, 포포. 맛있

게 먹으렴."

	포	포	와		친	구	들	은
	포	포	와		친	구	들	은
숨	박	꼭	질	을		해	요	.
숨	박	꼭	질	을		해	요	.
	술	래	가		된		포	포	는
	술	래	가		된		포	포	는
친	구	들	을		찾	다	가		그
친	구	들	을		찾	다	가		그
만		토	끼	의		모	래	성	을
만		토	끼	의		모	래	성	을

건드렸어요.

"고맙습니다."

"잘못했을 때는

'미안해.' 라고 하

는 거야."

원고지 쓰기를 생각하며 바르게 따라 써 보세요.

는　　기야."

"아　그렇구나!"

포포는　　친구에게

다시　사과하였어요.

"미안해."

56

원고지 쓰기를 생각하며 바르게 따라 써 보세요.

"괜찮아. 나랑 길

이 모래 놀이 할

래?"

포포는 친구들과

모래성을 만들었어요.

글을 읽고 다음에 예쁘게 따라 써 보세요.

국어2 나-175쪽

개미의 여행

개미 세 마리가 먹이를 찾아 집을 나섰어요. 길을 걷던 개미들은 하늘에서 내려온 밧줄을 발견하였어요.

"야, 밧줄이다!"

"이 밧줄을 타고 올라가면 무엇이 있을까?"

개미들은 생각하였어요.

'달콤한 사탕이 있을까?'

"우리, 올라가 보자."

개미들은 밧줄을 잡고 열심히 올라갔어요.

한참을 올라가는데 나무 밑에서 누군가 외치는 소리가 들렸어요. 나무 밑에 사는 아주 작은 풀꽃이었어요.

"올라가지 마세요! 위험해요!"

"어떻하지? 다시 내려갈까?"

"아니야, 풀꽃들이 부러워서 저러는 거야. 이만큼이나 올라왔는데 그냥 올라가자."

그때였어요. 위를 쳐다보던 개미 한 마리가 외쳤어요.

"으악, 거미다!"

나머지 개미들도 위를 쳐다보고는 깜짝 놀랐어요.

원고지 쓰기를 생각하며 바르게 따라 써 보세요.

		개	미	의		여	행	
		개	미		세		마	리	가
먹	이	를		찾	아		집	을
나	섰	어	요	.		길	을		걷	던
개	미	들	은		하	늘	에	서

내	려	온		밧	줄	을		발	견
하	였	어	요	.					
	"	야	,		밧	줄	이	다	! "
	"	이		밧	줄	을		타	고

원고지 쓰기를 생각하며 바르게 따라 써 보세요.

	올	라	가	면		무	엇	이
	올	라	가	면		무	엇	이
	있	을	까	?	”			
	있	을	까	?	”			
	개	미	들	은		생	각	하	였
	개	미	들	은		생	각	하	였
어	요	.						
어	요	.						
	‘	달	콤	한		사	탕	이
	‘	달	콤	한		사	탕	이

원고지 쓰기를 생각하며 바르게 따라 써 보세요.

	있	을	까 ?				
	"	우	리 ,	올	라	가	보
자	. "						
	개	미	들	은		밧	줄을
잡	고		열	심	히		올 라

원고지 쓰기를 생각하며 바르게 따라 써 보세요.

잡고　열심히　올라

잤어요.

한참을　올라가는데

나무　밑에서　누군가

외치는　소리가　들렸

원고지 쓰기를 생각하며 바르게 따라 써 보세요.

어	요	.	나	무	밑	에	사
어							
는		아	주	작	은	풀	꽃
이	었	어	요	.			
	"	올	라	가	지	마	세	요	!
위	험	해	요	!	"		

원고지 쓰기를 생각하며 바르게 따라 써 보세요.

"어떻게 하지?

다시 내려 갈까?"

"아니야, 풀꽃이

부러워서 저러는

거야. 이만큼이나

원고지 쓰기를 생각하며 바르게 따라 써 보세요.

	올	라	왔	는	데		그	냥
	올	라	가	자	.	”	
	그	때	였	어	요	.		위	를
	쳐	다	보	던		개	미		한

마리가　외쳤어요.

"으악, 거미다!"

나머지　개미들도

위를　쳐다보고는　깜

짝　놀랐어요.

🐟 글을 읽고 다음에 예쁘게 따라 써보세요.

국어2 나-249쪽

송아지와 바꾼 무

옛날 어느 가을날에 농부가 밭에서 무를 뽑고 있었습니다. 희고 탐스러운 무가 쑥쑥 뽑혀 나왔습니다. 농부는 신바람이 나서 어깨가 들썩들썩하였습니다.

그러다 농부는 커다란 무를 뽑았습니다. 아주 굵고 긴 무였습니다. 농부는 신기해서 그것을 고을 사또에게 바치기로 하였습니다.

"사또, 제가 평생 농사를 지었지만 이렇게 커다란 무는 처음 봅니다. 사또께 이 무를 바치고 싶습니다."

"그래, 고맙구나. 이렇게 커다란 무는 나도 본 적이 없다. 귀한 선물을 받았으니까 나도 무엇인가 보답을 해야지. 이방, 요즈음 들어온 물건 중에서 농부에게 줄 것이 있느냐?"

원고지 쓰기를 생각하며 바르게 따라 써 보세요.

	송	아	지	와		바	꾼		무
	옛	날		어	느		가	을	날
에		농	부	가		밭	에	서	
무	를		뽑	고		있	었	습	니
다	.		희	고		탐	스	러	운

무가 쑥쑥 뽑혀 나

왔습니다. 농부는 신

바람이 나서 어깨가

들썩하였습니다.

그러다 농부는 키

다란 무를 뽑았습니

다. 아주 굵고 긴

무였습니다. 농부는

신기해서 그것을 고

을 사또에게 바치기

로 하였습니다.

"사또, 제가 평생

농사를 지었지만

이렇게 커다란 무

이렇게 커다란 무

는 처음 봅니다.

이 무를 바치고

싶습니다."

"그래, 고맙구나.

글을 읽고 다음에 예쁘게 따라 써보세요.

국어2 나-264쪽

황소 아저씨

한밤중이에요. 황소 아저씨네 추운 외양간에 하얀 달빛이 비치었어요. 그때 생쥐 한 마리가 외양간 모퉁이 벽 뚫린 구멍으로 얼굴을 쏙 내밀었어요. 생쥐는 쪼르르 황소 아저씨 등을 타고 저기 구유 쪽으로 달려갔어요.

황소 아저씨는 갑자기 등이 가려워 긴 꼬리를 세차게 후려쳤어요. 달려가던 생쥐는 황소 아저씨가 후려친 꼬리에 튕기어 그만 외양간 바닥에 동댕이쳐졌어요.

"넌 누구냐?"

황소 아저씨가 굵다란 목소리로 물었어요.

"저 …… 생쥐예요. 동생들 먹을 것을 찾아 나왔어요. 우리 엄마가 갑자기 돌아가셨어요."

황소 아저씨는 뜻밖이었어요.

"먹을 게 어디 있는데 남의 등을 타 넘고 가니?"

"저쪽 아저씨 구유에 밥찌꺼기가 있다고 건넛집 할머니께

75

서 가르쳐 주셨어요. 제발 먹을 것을 가져가게 해 주세요."

"그랬니? 그럼 얼른 가져가거라. 동생들이 기다릴 테니
내 등을 타 넘고 빨리 가거라."

"아저씨, 참말이에요? 고맙습니다. "

생쥐는 열네 번이나 황소 아저씨 등을 타 넘었어요.

"이제 됐니?"

"네, 아저씨."

"그럼 오늘은 가서 푹 쉬고 내일 또 오너라."

이틀 뒤, 아기 생쥐들도 다 자라 볼볼 가어 다닐 수 있게
되었어요.

"생쥐야."

"네, 아저씨."

"동생들이 참 귀엽겠구나. 내일부터 모두 함께 와서 맛난 것 실컷 먹으렴."

이튿날, 생쥐 남매들은 추녀 밑 고드름을 녹여 눈곱도 닦고, 콧구멍도 씻고, 수염도 씻었어요.

"황소 아저씨!'

생쥐 다섯이 오르르 몰려왔어요.

"얼레? 모두 똑같구나!"

황소 아저씨는 생쥐들이 귀여워 두 눈이 오목오목 커졌어요. 생쥐들은 황소 아저씨랑 사이좋은 식구가 되었지요. 황소 아저씨 등을 타 넘고 다니며 술래잡기도 하고 숨바꼭질도 하였어요.

"오늘부터 나하고 함께 여기서 자자꾸나."

"네, 아저씨!"

생쥐들은 아저씨 목덜미에 붙어 자기도 하고, 겨드랑이에서 자기도 하였어요. 겨울이 다 지나도록 따뜻하게 함께 살았어요.

원고지 쓰기를 생각하며 바르게 따라 써 보세요.

	황	소		아	저	씨	
한	밤	중	이	에	요	.		황	소
아	저	씨	네		추	운		외	양
간	에		하	얀		달	빛	이
비	치	었	어	요	.		그	때		생

쥐		한		마	리	가		의	앙
간		모	퉁	이		벽		뚫	린
구	멍	으	로		얼	굴	을		쏙
내	밀	었	어	요	.		생	쥐	는

원고지 쓰기를 생각하며 바르게 따라 써 보세요.

쪼	르	르		황	소		아	저	씨
등	을		타	고		저	기		구
유		쪽	으	로		달	려	갔	어
요	.								
	황	소		아	저	씨	는		갑

원고지 쓰기를 생각하며 바르게 따라 써 보세요.

	자	기		등	이		가	려	워
	긴		꼬	리	를		세	차	게
	후	려	쳤	어	요	.		달	려	가	던
	생	쥐	는		황	소		아	저	씨
	가		후	려	친		꼬	리	에

원고지 쓰기를 생각하며 바르게 따라 써 보세요.

	가		후려친		꼬리에

튕기어		그만		외양간

바닥에		동댕이쳐졌어

요.

"넌		누구냐?"

원고지 쓰기를 생각하며 바르게 따라 써 보세요.

	황	소		아	저	씨	가		굵
다	란		목	소	리	로		물	었
어	요	.							
	"	저	…	…	,		생	쥐	예	요	.
동	생	들		먹	을		것	을	

찾아 나왔어요. 우

리 엄마가 갑자기

돌아가셨어요."

황소 아저씨는 뜻

밖이었어요.

원고지 쓰기를 생각하며 바르게 따라 써 보세요.

"떡을 제 어디

있는데 남의 등을

다 남고 가니?"

"저쪽 아저씨 구

원고지 쓰기를 생각하며 바르게 따라 써 보세요.

유에 밥찌꺼기가

있다고 건넛집 할

머니께서 가르쳐

주셨어요. 제발 먹

을 것을 가져가게

원고지 쓰기를 생각하며 바르게 따라 써 보세요.

해　　주세요.”

“그랬니?　　그럼

얼른　가져가거라.

동생들이　기다릴

테니　내　등을　타

넘고 빨리 가거라."

"아저씨, 참말이에

요? 고맙습니다."

생쥐는 열네 번이

원고지 쓰기를 생각하며 바르게 따라 써 보세요.

	나		황	소		아	저	씨		등
을		타		넘	었	어	요	.		
		"	이	제		됐	니	?	"	
		"	네	.		아	저	씨	.	"
		"	그	럼		오	늘	은		가

원고지 쓰기를 생각하며 바르게 따라 써 보세요.

서 푹 쉬고 내일

또 오너라."

이틀 뒤, 아기 생

쥐들도 다 자라 볼

볼 기어 다닐 수

원고지 쓰기를 생각하며 바르게 따라 써 보세요.

	있	게		되	었	어	요	.	
		"	생	쥐	야	.	"		
		"	네	,		아	저	씨	.
		"	동	생	들	이		잠	이

원고지 쓰기를 생각하며 바르게 따라 써 보세요.

	엽	겠	구	나	.		내	일	부	터
	는		모	두		함	께		와	
	서		맛	난		것		실	컷	
	먹	으	렴	.	”					
	이	튿	날	,		생	쥐		남	매

원고지 쓰기를 생각하며 바르게 따라 써 보세요.

들	은		추	녀	밑		고 드
름	을		녹	여		눈 곱	도
닦	고	,	콧	구	멍 도		씻 고
수	염	도		씻	었	어	요 .
		" 황	소		아	저	씨 ! "

원고지 쓰기를 생각하며 바르게 따라 써 보세요.

		"생	쥐		아	차	써	!	"
	생	쥐		다	섯	이		오	르
로		몰	려	왔	어	요	.		
		"	얼	레	?		모	두		똑
	같	구	나	!	"				

원고지 쓰기를 생각하며 바르게 따라 써 보세요.

	황	소		아	저	씨	는		생
쥐	들	이		귀	여	워		두	
눈	이		오	목	오	목		져	졌
어	요	.		생	쥐	들	은		황	소
아	저	씨	랑		사	이	좋	은	

원고지 쓰기를 생각하며 바르게 따라 써 보세요.

식	구	가		되	었	지	요	.		황
소		아	저	씨		등	을		타
넘	고		다	니	며		술	래	잡
기	도		하	고		숨	바	꼭	질
도		하	였	어	요	.			

96

"오늘부터 나하고

함께 여기서 자지

꾸나."

"네. 아저씨!"

원고지 쓰기를 생각하며 바르게 따라 써 보세요.

	생	쥐	들	은		아	저	씨
목	덜	미	에		붙	어		자	기
도		하	고	,	겨	드	랑	이	에
서		자	기	도		하	였	어	요	.
겨	울	이		다		지	나	도	록

🐟 글을 읽고 다음에 예쁘게 따라 써보세요.

국어2 가-125쪽

연날리기

토요일에 민희와 연날리기를 하였다. 종이에 살을 붙여 연모양을 만들고 멋지게 꾸몄다. 실로 연결하니 빨리 날리고 싶었다.

우리는 공원으로 나갔다. 나는 실을 잡고 앞으로 힘차게 달렸다. 바람이 씽씽 잘 불어서 연이 높이 날았다. 하늘에 떠 있는 연을 보니 정말 즐거웠다.

원고지 쓰기를 생각하며 바르게 따라 써 보세요.

	연	날	리	기					
	토	요	일	에		민	희	와	
연	날	리	기	를		하	였	다	.
종	이	에		살	을		붙	여	
연	모	양	을		만	들	고		멋

원고지 쓰기를 생각하며 바르게 따라 써 보세요.

지	계		꾸	몄	다	.	실	로
연	결	하	니		빨	려		날	까
보	고		싶	었	다	.		
	우	리	는		공	원	으	로

원고지 쓰기를 생각하며 바르게 따라 써 보세요.

나	갔	다	.		나	는		실	을
잡	고		앞	으	로		힘	차	게
달	렸	다	.		바	람	이		씽 씽
잘		불	어	서		연	이		높
이		날	았	다	.		하	늘	에

102

🐟 글을 읽고 다음에 예쁘게 따라 써보세요.

국어2 가-126쪽

미역도 맛이 있어

오늘 학교에서 급식 반찬으로 미역무침이 나왔다. 나는 미역을 가장 싫어한다. 내 단짝 친구 현지는 미역무침이 맛있다고 하였다.

"너도 한번 먹어 봐. 새콤달콤 얼마나 맛있는데⋯⋯."

나도 미역무침을 조금 먹어 보았다. 새콤하고 부드러웠다.

'미역무침도 먹을 만하구나.'

미역무침 맛이 이상하지 않아 놀라웠다. 그리고 새로운 반찬을 먹어 보아 기분이 좋았다.

	미	역	도		맛	이		있	어
	오	늘		학	교	에	서		급
식		반	찬	으	로		미		역
무	침	이		나	왔	다	.	나	는
미	역	을		가	장		싫	어	한

다. 내 단짝 친구

현지는 미역무침이

맛있다고 하였다.

"너도 한번 먹어

원고지 쓰기를 생각하며 바르게 따라 써 보세요.

	봐	.		새	콤	달	콤		얼	마
	나			맛	있	는	데	…	…	. "
	나	도			미	역	무	침	을	
	조	금			먹	어			보	았	다	.
	새	콤	하	고			부	드	러	웠	다	.

106

원고지 쓰기를 생각하며 바르게 따라 써 보세요.

"미역무침도 먹음

만하구나.

미역무침 맛이 변

상하지 않아 늘 맛있

다. 그리고 새로운

107

글을 읽고 다음에 예쁘게 따라 써보세요.

국어활동2-가62쪽

고양이는 나만 따라 해

고양이는 나만 따라 해.

내가 신문지 밑에 숨어도

문 뒤에 숨어도 따라 해.

책상 밑에 숨어도 나만 따라 해.

꽃 냄새를 맡을 때도

벌레를 내려다볼 때도 나만 따라 해, 만날만날.

놀다가 심심하면 멍하니 밖을 내다보아.

 내 친구는 고양이밖에 없고,

고양이 친구도 나밖에 없고,

저녁나절, 엄마 오는 소리인가

발소리에 귀 기울여 보아, 나도 고양이도.

그런데 오늘부터는 내가 고양이를 따라 해야지.

고양이처럼 깜깜한 창밖을 찬찬히 살펴보는 거야.

그래도 무섭지 않아.

고양이처럼 몸을 크게 부풀리고

마음도 크게 부풀려. 어떤 것도 겁나지 않을 만큼.

그리고 이제 밖으로 나가는 거야!

원고지 쓰기를 생각하며 바르게 따라 써 보세요.

		고	양	이	는		나	만	
					따	라		해	
		고	양	이	는		나	만	
		따	라		해	.			
		내	가		신	문	지		밑

원고지 쓰기를 생각하며 바르게 따라 써 보세요.

예 숨어도

문 뒤에 숨어도

따라 해.

책상 밑에 숨어

원고지 쓰기를 생각하며 바르게 따라 써 보세요.

도　나만　따라　해.

꽃　냄새를　맡을

때도

벌레를　내려다

볼　때도　나만　따

원고지 쓰기를 생각하며 바르게 따라 써 보세요.

		타		해.		만	날	만	날.
		놀	다	가		심	심	하	면
		멍	하	니		밖	을		내	다
		보	아.						
		내		친	구	는		고	양

원고지 쓰기를 생각하며 바르게 따라 써 보세요.

		내		친	구	는		고	양
	이	밖	에		없	고	,		
	이	밖	에		없	고	,		
	고	양	이		친	구	도		
	고	양	이		친	구	도		
	나	밖	에		없	고			
	나	밖	에		없	고			
	저	녁	나	절	,		엄	마	
	저	녁	나	절	,		엄	마	

114

원고지 쓰기를 생각하며 바르게 따라 써 보세요.

	오	늘		소	리	인	가		
	발	소	리	에		귀		기	
	울	여		보	아	.	나	도	
	고	양	이	도	.				
	그	런	데		오	늘	부	터	

원고지 쓰기를 생각하며 바르게 따라 써 보세요.

	는		내	가		고	양	이	를
	따	라		해	야	지	.		
	고	양	이	처	럼		깜	깜	
	한		창	밖	을		찬	찬	히
	살	펴	보	는		거	야	.	

원고지 쓰기를 생각하며 바르게 따라 써 보세요.

	고	래	도		무	섭	지	
	않	아	.					
	고	양	이	처	럼		몸	을
	크	게		부	풀	리	고	

		마	음	도		크	게		부
		마	음	도		크	게		부
		풀	려	.					
		풀	려	.					
		어	떤		것	도		겁	나
		어	떤		것	도		겁	나
		지		않	을		만	큼	.
		지		않	을		만	큼	.
		그	리	고		이	제		밖
		그	리	고		이	제		밖

받침이 있는 낱말 쓰기

🐛 'ㄱ', 'ㄴ', 'ㄷ', 'ㄹ', 'ㅁ' 받침이 있는 낱말 쓰기

책	한
책	한
책	한
책	한

새	근	새	근
새	근	새	근
새	근	새	근
새	근	새	근

걷	고
걷	고
걷	고
걷	고

돌	려	줄	게
돌	려	줄	게
돌	려	줄	게
돌	려	줄	게

술	래
술	래
술	래
술	래

감	기
감	기
감	기
감	기

따	라	갑	니	다
따	라	갑	니	다
따	라	갑	니	다
따	라	갑	니	다

그	릇
그	릇
그	릇
그	릇

깡	충	깡	충
깡	충	깡	충
깡	충	깡	충
깡	충	깡	충

햇	빛
햇	빛
햇	빛
햇	빛

꽃	밭
꽃	밭
꽃	밭
꽃	밭

'ㅋ', 'ㅌ', 'ㅍ', 'ㅎ' 받침이 있는 낱말 쓰기

들	녘
들	녘
들	녘
들	녘

낱	말
낱	말
낱	말
낱	말

밑
밑
밑
밑

단	풍	잎
단	풍	잎
단	풍	잎
단	풍	잎

낳	아
낳	아
낳	아
낳	아

쌓	다
쌓	다
쌓	다
쌓	다

'ㄱ', 'ㅋ', 'ㄲ' 비교하여 쓰기

가	을
가	을
가	을
가	을

커	다	란
커	다	란
커	다	란
커	다	란

까	만
까	만
까	만
까	만

깃	발
깃	발
깃	발
깃	발

코
코
코
코

발	뒤	꿈	치
발	뒤	꿈	치
발	뒤	꿈	치
발	뒤	꿈	치

달	걀		
달	걀		
달	걀		
달	걀		

깃	털
깃	털
깃	털
깃	털

따	뜻	한
따	뜻	한
따	뜻	한
따	뜻	한

둥	실	둥	실
둥	실	둥	실
둥	실	둥	실
둥	실	둥	실

미	끄	럼	틀
미	끄	럼	틀
미	끄	럼	틀
미	끄	럼	틀

바	라	보	고
바	라	보	고
바	라	보	고
바	라	보	고

밧	줄
밧	줄
밧	줄
밧	줄

백	성
백	성
백	성
백	성

파	리
파	리
파	리
파	리

풀	꽃
풀	꽃
풀	꽃
풀	꽃

손	뼉	을
손	뼉	을
손	뼉	을
손	뼉	을

'ㅈ', 'ㅊ', 'ㅉ' 비교하여 쓰기

도	와	줄	게
도	와	줄	게
도	와	줄	게
도	와	줄	게

주	전	자
주	전	자
주	전	자
주	전	자

괜	찮	아
괜	찮	아
괜	찮	아
괜	찮	아

반	짝	반	짝
반	짝	반	짝
반	짝	반	짝
반	짝	반	짝

'ㅅ', '싸' 비교하여 쓰기

낙	하	산
낙	하	산
낙	하	산
낙	하	산

사	진
사	진
사	진
사	진

시	간
시	간
시	간
시	간

아	저	씨
아	저	씨
아	저	씨
아	저	씨

말	하	였	다
말	하	였	다
말	하	였	다
말	하	였	다

'ㄲ', 'ㄸ', 'ㅉ'이 들어 있는 낱말 쓰기

깜	깜	한
깜	깜	한
깜	깜	한
깜	깜	한

어	깨
어	깨
어	깨
어	깨

사	또
사	또
사	또
사	또

쩌	렁	쩌	렁
쩌	렁	쩌	렁
쩌	렁	쩌	렁
쩌	렁	쩌	렁

2013개편 국어 교과서

개정된 국어 교과서에 따른
글씨체 따라쓰기(1-2)

초판 발행 2015 년 7 월 31 일

글 편집부

펴낸이 서영희 | **펴낸곳** 와이 앤 엠

편집 임명아

본문 인쇄 신화 인쇄 | **제책** 정화 제책

제작 이윤식 | **마케팅** 강성태

주소 120-100 서울시 서대문구 홍은동 376-28

전화 (02)308-3891 | Fax (02)308-3892

E-mail yam3891@naver.com

등록 2007년 8월 29일 제312-2007-000040호

ISBN 978-89-93557-60-2   63710

본사는 출판물 윤리강령을 준수합니다.